桃花潭水深千尺

两宋 什物　　　　　　古玉 清供

艾丹 著

中国青年出版社

道情

上得山来山色好。四
面枯松藤蘿絡遠。隊〉猿猱
崖亥跳。

序 言

有言：人无癖，不可交也。年轻时，对新奇事物多有痴迷，收集古物便是其一。始于逛地摊、古玩市场，进而去国外漫游淘货，集古之路，留下许多故事。收藏之余编纂过几本图册，无奈时光流逝，以期雁过留声。

近期整理旧藏，又有出书之念，疏理一番，分为两部分，一是"两宋"之物，二是古玉及杂项。敝帚自珍，聘请摄影名家，力求图片的精美，释文也尽量避免冗言赘述。求真是集古的前提，不容含糊，对器物选择也有所斟酌。

晚唐五代时期，北宋立国，与周边的大辽和西夏对峙，属地多有易手，期间女真族建立金国，推翻了大辽、北宋，与南宋相持。之后，蒙古汗国建立元朝，先后推翻了金国、西夏与南宋。"两宋"前后共三百一十九年，与上述各朝各代的关联错综复杂，对这一时期的各类文物，要做出清晰准确的判断，难度之大，不言而喻。怎么办呢，仔细求证，虚心讨教呗。

两宋时期被称为文化盛世，收集寻找这个时代的物品，着实令人入迷。文化具体地呈现于艺术、美学、生产生活以及日常用品中，这些在博物馆里多有所见，而个人的收藏与研究，能起到一些补缺作用。

图录的另一部分为高古玉器及文房用品。十几年前，编写过一本图册《玉器时代》，提出一个概念：新石器晚期与青铜时代之间，出现过一个玉器时代。夏王朝选用玉石为材料，设计诸多礼器，用于祭祀天地与先祖，用于分封、犒赏、兵戎，创立了一套"礼制"，也就是统治模式，以其独特性，可载入华夏文明史。此概念的形成，与收集、研究黄河流域的早期玉器相关。

集古的目的不尽相同，有的是营生，有人只是玩玩而已，还有当作一种事业的。有些藏家写书、办展览、出版图册，开私人博物馆，这些都是为文化建设添砖加瓦，皆为善举。

集古者所珍惜的藏品，只是伴其一程，终会以不同的方式回归社会。集古者也是跋涉者、登山者，往前走得越远同行者会渐少，因为高处不胜寒。集古者要善于思考，多做些学问，仅有一双慧眼是不够的，在求真的同时不断地提高理性认知，切忌食古不化、人云亦云，应在不断的质疑与不停反思中获取真知灼见。

目 录

寻堀 毅樵 夫見了 呵
笑高。 前頂礼。 張郭老夫子
老君論三 效。

两宋 什物

北宋、南宋与辽、金、元多有交集，收集这一时期的物件，往往有辨识上的难度。

宋代推崇商周文明，在文化艺术上成就非凡，但论事不该是"印象派"，应有理性认知。宋代"复古"，效仿"三代"钟鼎彝器，多失之孱弱；玉器逊于战汉；雕塑弱于南北朝；金银器不如唐代。宋人引以为傲的是瓷器、漆器以及文房清供一类。宋代涌现出一批文化大家，是其魅力的真正所在。

"两宋"上演过历史悲剧。金灭北宋，国宝重器被洗劫一空，元灭南宋，同样是一场浩劫。历经沧桑，时隔千年，如今所见的"两宋"遗物，即便是断璋残璧，理应珍惜有加。

开卷有益，翻阅《宋史》之余，想做点与宋代相关的事情，早年收集过宋瓷及文房杂项之类，但品类偏少，总量不足，经一段时间的补充，算是有了点规模，拍照制图，补以拙文，从个人的角度，解读一下"两宋"审美。

01 玉 羊

宋代（公元 960—1279 年）

长 4.2cm

古人琢玉，费工费时，攻玉须借他山之石，玉匠要精益求精，方能使冰冷的石头变为活灵活现的物件。宋代玉雕动物多见羊，品质使然，温良、和善、克制、谦让。羔羊跪乳，生而知孝。

一件白玉卧羊，头部巧用天然皮色，"鸿运当头"之意。

著录《古典·凝视》

02 玉羊

宋代（公元 960—1279 年）

长 7.2cm　高 3.8cm

宋代玉雕动物有写实倾向，注重神态与细节，包括对头脸、蹄足的刻画，
这与宋画的风格类似。

03 玉童子

南宋（公元 1127—1279 年）

长 6.2cm　高 4.1cm

宋人尚古，南宋时，玉器的仿古与做旧已然成风，有"宋仿苏烧"之说，通常是灼烤玉器的同时擦拭染料，多为紫、黄、绿，坊间有"寿衣沁"之说，实为宋时做旧工艺。此法与明清时期的仿古做旧有所不同，后者多采用单色沁染，或黑或红，深入肌骨，俗称"老提油"。

持莲童子，玉镇，手把件。

展出于《赓续文脉》中国文房艺术展。

04 玉童子

南宋（公元 1127—1279 年）

高 6.3cm 　宽 5.6cm

聊点题外话。中古时期，唐代玉器似乎乏善可陈，墓葬、塔基里均少见精美玉器。唐人的生活方式全盘"西化"，皇家贵族的日常用具中，金银器是主角。玉器属于小角色。一些博物馆中标注的唐代玉器多为传世品，非考古发现，将一些骆驼、马匹、飞天等定为唐代缺乏依据，不足为信。唐代玉器里，常见带饰、马饰、女性首饰，工艺与题材往往有西域风格。

北宋与西夏不和，河西走廊被阻断；南宋失去北方，与金国对峙，玉料比较稀缺，难以满足市场需求，一些有瑕疵或带有石性的籽玉也派上了用场，染色、仿古、巧雕工艺流行一时，也算是化朽为奇了。直至元代，大批精美的玉料进入中原。

持莲童子，携手并进，又称"和合二仙"，又有"连生贵子"之意。

05 玉飞天

宋代（公元960—1279年）

长 5.6cm　高 3.6cm

飞天的原形出自古印度神话故事。在佛教圣地，佛祖讲圣时，飞天的供职是伴奏、舞蹈、散花、布香。佛教传入中国，飞天的造形逐渐本土化，和善的形象深入人心，是佛国最迷人的传播者。

06 玉扇坠

宋代（公元 960—1279 年）
高 4.4cm

达摩，天竺人，南北朝时期的高僧，禅宗创始人。

关于扇坠，有个故事。

南宋绍兴年间，高宗赵构赐宴群臣，偶见张俊的扇坠子眼熟，是个白玉童子，应是多年前乘船巡游时的遗失之物。问其来历，臣答："于清河坊铺购之。"派人前去询问，答："购自一提篮小贩。"找小贩询问，答："是陈宅厨娘卖的。"又问厨娘，答："破鱼腹时所得。"原来高宗的扇坠子掉落水中，被大鱼吞食，数年之后，渔夫捕得此鱼，被陈宅购之，厨娘又从鱼腹中偶得。高宗视为吉兆，玉坠失而复得，预示国土回归可期，便犒赏了经手之人。

达摩立像，羊脂白玉，宋代工艺，团扇坠子。

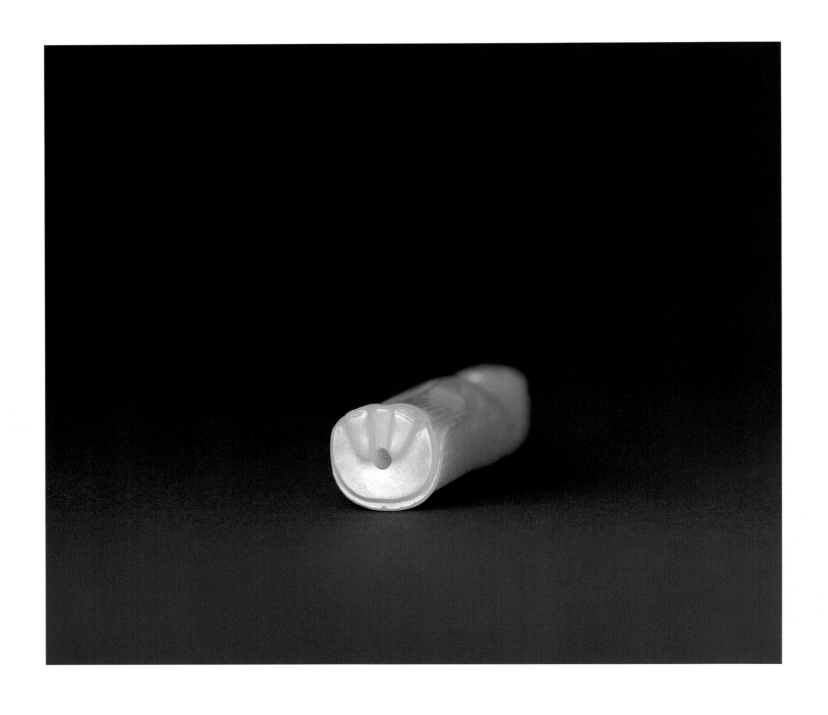

07 鸡心佩

宋代（公元 960—1279 年）
高 4.6cm　宽 3.2cm

精雕细琢，繁复旖旎，拟古又不失宋韵，宛如宋词格调。

08 玉牌子

宋代（公元 960—1279 年）

长 10.5cm　宽 6.8cm

玉牌子中心有方形图案，框内云纹密布，两侧盘龙环绕，四角有心形系孔。玉牌侧沿琢以细纹，工艺精妙。

著录《古典·凝视》

09 玉莲化

宋 / 金（公元 960—1234 年）

高 5cm　宽 5.5cm

一方荷叶上连化盛开，宋金时期常见的题材，有佛教寓意。玉件边用处存留有旧孔，原为带板，改制而成 。可见古人对玉料的珍惜。此形制古称"霞帔"，一种贵族妇女礼服上的坠饰。

10 瑞兽佩

宋 / 元（公元 960 —1368 年）

径 5.6 cm　厚 0.9 cm

白玉，局部受沁。双兽对称布局，呈吼叫、交尾状。

11 玉卧羊

金 / 元（公元 1115—1368 年）

长 3.8cm　高 2.8cm

元代太师伯颜将太府所藏历代玉玺改磨成画押、书印及玩串，分送与友人。武后则天一玺，令太师爱不释手，幸而存留。玉虽为石，亦有其命。

一件金元时期的白玉卧羊，随形琢制，口衔凌霄花，有志向高远之意。

12 玉瑞兽

金 / 元（公元 1115—1368 年）

长 6.6cm　宽 2.5cm

黄玉瑞兽。卧姿，回首状，或为铁质帽盔之顶饰，受铁锈侵蚀，周身沁色斑驳。

展出于《赓续文脉》中国文房艺术展。

13 玉 簪

金 / 元（公元 1115—1368 年）

长 19cm　宽 3.6cm

金枝玉叶，金玉良缘。不仅有吉言妙语，亦有实物呈现。以白玉荷花为簪头，以缠绕的金龙为簪挺，金玉搭配，光彩夺目。古人审美，怎可小觑。

15 玉山子

宋代（公元 960—1279 年）

长 16.2cm   高 6.3cm

毛笔需配以笔架。在宋代，笔架又是桌前的艺术品，有各式各样的笔架山，触手可及，养眼养心，山子虽小，体现文人的品位；山子不大，能启发文思，在脑中扩展出层峦叠嶂的群山。

展出于《赓续文脉》中国文房艺术展。

16 玉山子

宋代（公元 960—1279 年）

长 22cm　宽 12.2cm

一件精心设计、雕琢的玉石山子，管钻工艺，隐现鸟、兽之形，介于似与不似之间，其造型与宋代《宣和石谱》中的一款名石类同。

18 瓷 盏

北宋（公元 960—1127 年）

径 11.5cm　高 4.1cm

宋瓷有"官、汝、哥、钧、定"五大名窑之说，始于明代藏家的规纳，言之凿凿，误导了后世的专家学者。如今，中外藏家中不乏慧眼，认可官、汝、定的牌位，质疑钧与哥的名分，还宋瓷格局之本来面目。

一件北宋定窑褐釉茶盏，薄胎卧足，用时需配以盏托。

著录《宋金茶盏》《古典·凝视》

19 瓷盏

北宋（公元 960—1127 年）

径 11.8cm　高 5cm

耀州窑出品。瓷盏图案别致，骑螺童子与摩羯鱼徜徉于波浪之中。宗教传说，宋人情趣。"巧如范金，精比琢玉"是宋代"窑神碑"上对耀州青瓷的赞誉。

著录《宋金茶盏》《古典·凝视》
展出于《赓续文脉》中国文房艺术展

20 瓷 盏

金代（公元 1115—1234 年）

径 14.6cm　高 4.2cm

耀州窑产品。印花工艺，釉色莹润，一朵牡丹花盛开于盏中。

著录《宋金茶盏》《古典·凝视》
安思远旧藏

21 瓷盏

金代（公元 1115—1234 年）

径 13.7cm　高 4.5cm

关于古瓷，扯点闲篇儿。宋、金、元时期多见瓷枕，南方、北方许多窑口均有烧造，品类繁多，有硕大的，有镂空堆塑的，有枕面带绘画与诗文的，属于古人在瓷器上创作的文学艺术作品。只是瓷枕的用途多为冥器，日常不堪用，试想想，一旦破碎，利如刀刃，孰能安睡？古人也忌讳冥器与日常物品通用，比如唐三彩器物，虽华美异常，唐朝人在生活中几乎是不采用的，道理也简单。

唐代倒是有一种小瓷枕，质地坚实，俗称"脉枕"，实为商旅时的随身携带之枕头。

时至清代，瓷枕实用化，缘于世俗观念的改变及烧造工艺的进步，与早期瓷枕就不是一码事了。

一件耀州窑酱釉瓷盏，修足规整，色泽悦目，茶盏之标准器型。

著录《宋金茶盏》《古典·凝视》
安思远旧藏

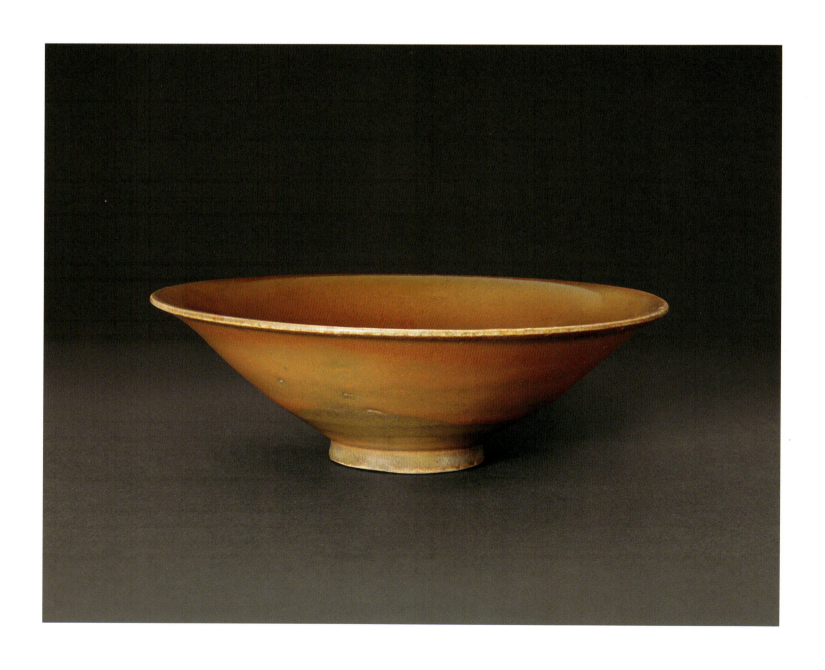

22 瓷盏

宋代（公元 960—1279 年）
径 15cm 高 5cm

耀州窑以印花、划花、剔花见长，题材包括人物、动物、花草等，唯有文字类的罕见。

一件刻有宋词的耀州窑青釉盏，曲调"道情"，词牌《渔家傲》。唱有腔，曲有调，可以想象宋人执盏吟唱时的情景。

据载，《渔家傲》为北宋范仲淹创牌，欧阳修、黄庭坚、王安石、李清照均有传世佳作。宋代耀州窑青釉诗文盏，品相完美，著录仅见韩国沉船考古报告，其盏刻有词牌《阮郎归》。

道情
上得山来山色好。四
面杖松藤羅迢迢。山
崖嵾跳寺泾一派水。有時兩
之笑謁前掺礼怎郭老夫子
老君論三教。因甚仙家
長年少。顏不老壺中
有藥誰知道
鱼家傲。

23 瓷 盏

金代（公元 1115—1234 年）

径 14.6cm　高 5cm

钧窑，地处河南禹州钧台一带。古有"五大名窑"之说，官、钧在其中。如今又有异议，疑钧瓷非北宋之物，一是北宋考古发掘中未曾出现过，二是色泽艳丽的钧瓷不符合宋人的审美。

一件金代钧窑瓷盏，宽口窄足，薄胎厚釉，点缀紫斑。

著录《宋金茶盏》《古典·凝视》

24 瓷盏

金代（公元 1115—1234 年）

径 12.8cm　高 6.1cm

怀仁窑。宋金时期，福建的建窑与山西的怀仁窑均烧制出优质的黑釉瓷盏，包括建窑的"兔毫"类与怀仁窑的"油滴"类。

建窑以柴木烧制，怀仁窑以煤炭烧制。其釉面特征略有区别，怀仁窑的更为亮泽。

一件金代怀仁窑茶盏，造型典雅，修足规整，"油滴"密布，完美无瑕。

著录《宋金茶盏》《古典·凝视》

25 瓷 盏

南宋（公元 1127—1279 年）

径 14.5cm　高 4.1cm

饶州窑地处江西古饶州，中心窑场为景德镇。宋人用器，有纹饰繁复的，有素简之极的，前者兴"复古"之风，后者多随文人审美。

一件青白釉瓷盏，器薄如纸，几近脱胎。

著录《宋金茶盏》《古典·凝视》

26 瓷 盏

南宋（公元 1127—1279 年）
径 15.8cm　高 5cm

饶州窑产品。釉色白中闪青，莹润如玉。划花装饰，底足髹漆，镶银边并鎏金，种种细节，尽显主人品位。

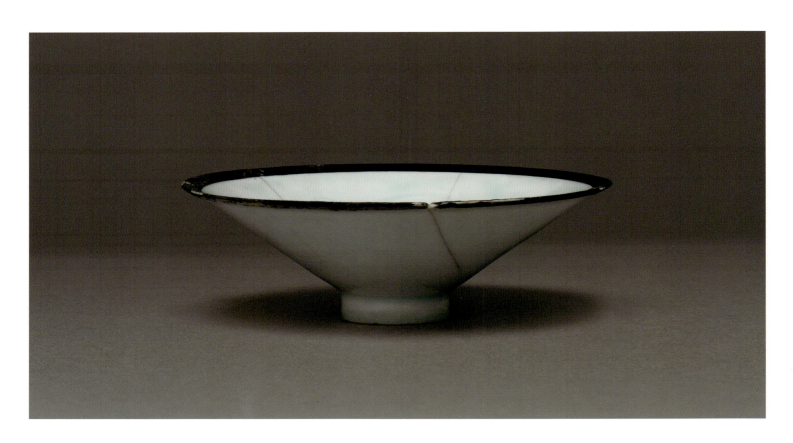

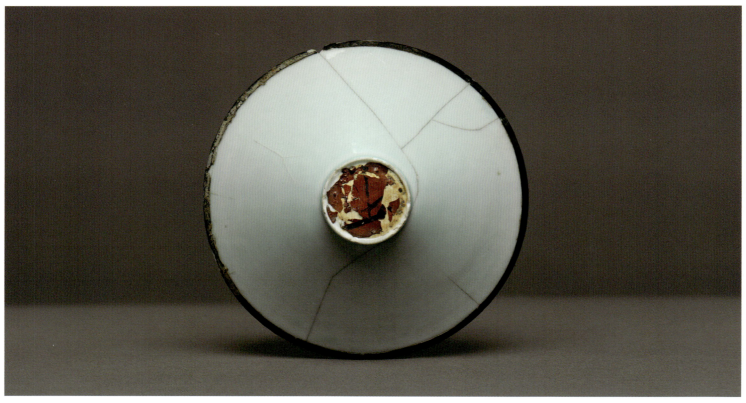

27 瓷 盏

南宋（公元 1127—1279 年）
径 12.8cm　　高 6.3cm

南宋时期，江西吉州窑工匠恣意发挥其想象力，在器物上创作了花样百出的装饰图案，产品面向广阔的民间市场。

一件玳瑁釉茶盏，出自匣钵，釉面格外光洁。

著录《宋金茶盏》《古典·凝视》
展出于《赓续文脉》中国文房艺术展

28 瓷 盏

宋代（公元 960—1279 年）
径 12.3cm　高 6.5cm

北宋时期，建窑曾为朝贡茶盏。上行下效，建盏一时风靡朝野。建盏多为黑釉、酱釉。

一件绿釉建盏，腹深胎厚，口沿包锡，经典的"点茶"用器，端庄秀雅，釉色犹如湖面碧波。

著录《宋金茶盏》《古典·凝视》

29 瓷 盏

宋代（公元 960—1279 年）
径 10.3cm　高 4.3cm

建窑产品。宋代流行"斗茶"，建盏备受追捧，其中乌金釉银毫盏被视为极品。宋徽宗有论："盏色贵青黑，玉毫条达者为上"。

一件宋代黑釉银毫盏，出自匣钵，釉面光洁如镜。

著录《宋金茶盏》《古典·凝视》

30 瓷 塑

北宋（公元 960—1127 年）

高 11cm

宋代南北方的窑场均烧造瓷塑，多为玩偶类的小物件。

一件定窑白釉瓷塑。道士，表情肃穆，若有所思。

著录《古典·凝视》

32 瓷 塑

南宋（公元 1127—1279 年）

高 6.8cm

说古瓷，绕不开景德镇。景德镇兴于宋代，进而成为元、明、清三朝的贡御之地。

一尊青白瓷菩萨头像。宋时，汉族美人的模样已大致定型，眉清目秀鹅蛋脸、高额直鼻樱桃口。

著录《古典·凝视》

33 瓷 塑

南宋（公元 1127—1279 年）

高 6.2cm

景德镇窑，道教童子头像。额头高，耳朵大；胖乎乎，笑眯眯。无忧无虑，无牵无挂，无需布道，足以化众。

著录《古典·凝视》

34 瓷 塑

南宋（公元 1127—1279 年）

高 8.8cm

景德镇窑。工匠不仅要表现外形之美，还要捕捉内在的精、气、神。
十八罗汉通常一同出现，此为何尊？竟是如此气宇轩昂。

35 瓷 塑

南宋（公元 1127—1279 年）
高 13.5cm

景德镇窑，青白釉瓷塑童子坐像。帽子与周身装饰有华丽的璎珞，笑靥如花，宋代福娃。宋人讲究生活的精致，并不掩饰对奢华生活的向往。

著录《古典·凝视》

36 瓷 塑

南宋（公元 1127—1279 年）

高 8cm

认识、研究一些古物，应避免概念化，避免人云亦云、拾人牙慧。寻其新的视角，从一些细节入手，摸其脉搏、观其神情、闻其气息，有如医师面对疑难杂症，历史同样是复杂而鲜活的生命体。

一件南宋饶州窑瓷塑。如此残破，如此动人，怎么形容呢，不妨借用陆游的一首诗词：驿外断桥边，寂寞开无主。已是黄昏独自愁，更着风和雨。无意苦争春，一任群芳妒。零落成泥碾作尘，只有香如故。

37 瓷塑

南宋（公元 1127—1279 年）

景德镇窑。瓷塑残件，宋朝女性形象，
或能感知一个时代的包容、开放。
一如碎片拼贴，衣裙、肢体、发髻，江南遗韵，南宋时光。

著录《古典·凝视》

38 瓷塑

南宋（公元 1127—1279 年）
高 10.2cm　宽 7.2cm

菩萨造像，窑址残件。出自有信仰、有寄托、有敬畏的年代。

景德镇窑的青白釉造像，兴于宋代，延至元代，风格略有演变，宋代造像的面部与身躯往往不施釉，后加彩；元代整体施釉，青白一色。

南宋造像，一组五尊，虽残尤珍。

39 水 注

元代（公元 1206—1368 年）

高 13.5cm　宽 7.4cm

饶州湖田窑。药仙形象，女子手托荷叶，叶中有鱼，鱼下有孔；身背酒瓶，瓶口与体内及鱼下的孔洞相通，水注设计巧妙，具文人之趣。通体施釉，元代工艺。

40 水 丞

宋代（公元 960—1279 年）
高 5.5cm

宋人尚古，上效"三代"，下仿秦汉。秦一统天下，确立规章制度，包括度量衡，秦权即为衡器。

一件文房水丞，秦权式样，上刻秦二世颁法铭文，其篆体则是宋代风格。

著录《古典·凝视》

42 笔架山

南宋（公元 1112—1279 年）

长 16.5cm　高 7.2cm

群峰耸立，高低错落。不以写实之法，而采用写意风格，似山非山，宋人美学在不经意中呈现。

著录《古典·凝视》

43 印 台

宋代（公元 960—1279 年）

长 6.8cm　高 3.8cm

一则趣事：唐宝历年间，裴度时任御史中丞。有一天闲时饮酒，侍从过来报告，说官印不在了，裴并未回应，让其退下，继续饮酒。隔日，侍从过来报告，说官印被放回原处了，裴依旧不予理会。

事后，侍从又提此事，裴度讲：显然是下属偷去钤印办理私事了，催紧了印章会被藏匿或丢弃，不问则可能回归原处。想一想，这个道理适用于许多事情。

一方宋代歙石印台，官印尺寸。观其形，棱角分明，比例适度，底与足均有精巧设计，小器大作，宋人的美感令人叹服。

44 笔 洗

宋代（公元 960—1279 年）

长 19.6cm　高 4.3cm

一个多元化的社会，经济繁荣，思想开放，民族融合，造就出一批文化大家。在艺术上，宋既有简约的美学、繁复的尚古，又有鲜活质朴的民风，正如《清明上河图》所描绘的生活细节。

一件宋代笔洗，如意之形，对称相连。此形笔洗，在明清时期的玉器、瓷器中多有再现。

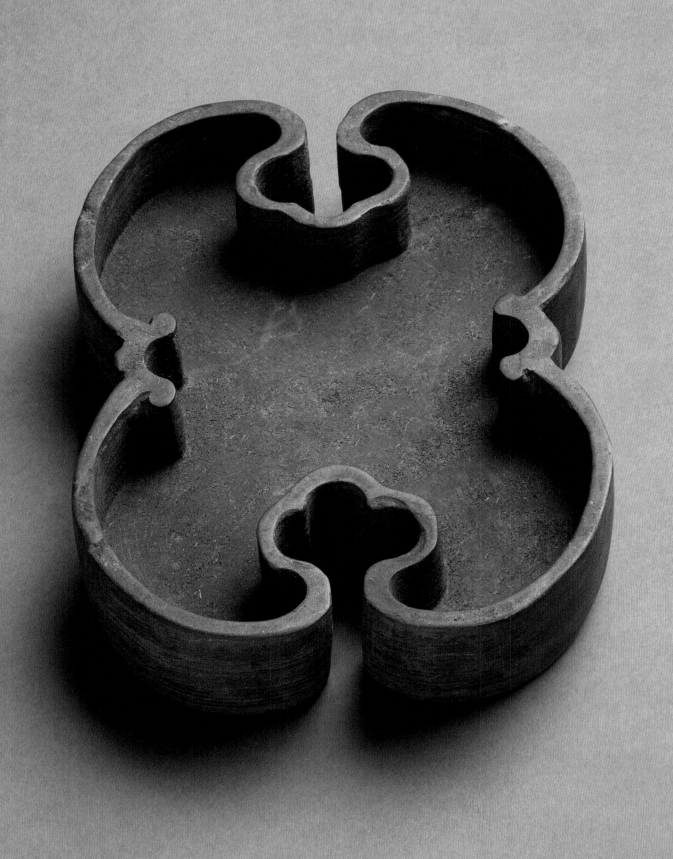

45 铜 砚

唐代（公元 618—907 年）

长 7.2cm　宽 4cm

砚台，文房四宝之一，兴于唐，盛于宋，有"砚必唐宋"之说。唐砚常见"风"字形，又似簸箕，俗称箕形砚。

一方铜质小砚，似非研墨之用，应是女性研脂"点红"用具。铜受沁，泛银光，旧称"银漆古"。砚背錾刻隶书文字：咸通三年造钡砚台一对。有铭为证，唐砚款式之标准器。

46 石 砚

唐代（公元 618—907 年）
长 18.3cm　　高 4.2cm

虢州砚，唐代列为贡御之物。宋代文人米芾著有《砚史》，所记："虢州石，理细如泥，色紫可爱，发墨不渗。久之，石渐损回硬，墨磨之则有泥香。"

一方唐代箕形砚。后世制砚，万变不离其宗。

著录《古典·凝视》

47 澄泥砚

北宋（公元 960—1127 年）
长 20cm　高 4cm

以澄泥制砖，古称金砖。北宋时，山西泽州有位吕道人，以澄泥制砚而著称。黄庭坚写有诗文：吕翁之治与天通，不但澄泥烧铅黄。

苏东坡有文章："泽州吕道人沉泥砚，多作投壶样，其首有吕字，非刻非画，坚致可以试金。道人己死，砚渐难得。元丰五年三月七日，偶至沙湖黄氏家，见一枚，黄氏初不知贵，乃取而有之。"哈哈，老顽童抓了一个漏，异常欣喜，归途逢雨，写了一首《定风波》："莫听穿林打叶声，何妨吟啸且徐行。竹杖芒鞋轻胜马，谁怕？一蓑烟雨任平生。料峭春风吹酒醒，微冷，山头斜照却相迎。回首向来萧瑟处，归去，也无风雨也无晴。"此情节绝非戏说，有东坡日记为证。黄庭坚这样描述吕砚：汉隶书吕规其阳。乾隆是古砚迷，却将两方不带"吕"字的宋砚视为吕道人所制，并著文记之。乾隆曾作诗感叹："吕老所造，兹不可得。"

一方宋代澄泥砚，砚首正中现一"吕"字，为金属镶嵌，或金或银，难以分辨。虽为残品，却被一行家戏称为：最接近吕道人的吕氏澄泥砚。蛮有趣儿的。

著录《古典·凝视》

48 瓦 砚

宋代（公元 960—1279 年）

径 13.8cm　高 3.8cm

宋人制砚，选用各地的优质石材，又有好古者，用前朝的砖瓦制砚。

一方宋代瓦砚，工艺较为特别，以汉瓦粘接澄泥烧造，砚膛及周边塑以山坡、洼地、坑池，微缩景观，遁世心境。

49 石 砚

宋代（公元 960—1279 年）
径 15cm　高 3cm

乾隆喜爱宋物，为此写下不少诗词，其中涉及亡国之君，多有微词，以示警醒，玩物不能忘志。

宋人擅长艺术设计，海棠型图案理应获取专利。其形多见于门洞、窗幔、家具以及瓷器、玉器。

50 石 砚

宋代（公元 960—1279 年）

长 9.2cm　宽 6.3cm

宋砚，见过琴式、钟式、瑞兽形、莲瓣形的，品种之多，实难统计。宋人制砚，讲究线条、造型、韵味。

一方端石小砚，正视，鹅蛋之形；侧观，元宝之状。巧妙，可人。

51 石 砚

宋代（公元 960—1279 年）

长 14.2cm　高 2.2cm

唐宋时期，安徽歙州出产优质砚石。

一方宋代平底歙砚，罗纹石种。观其形，边角、脊线、膛池，有一种美，文字难以表述。

著录《古典·凝视》

52 石砚

宋代（公元960—1279年）
长 17.1cm　宽 11.2cm

翻阅《西清砚谱》，清宫藏砚以两宋为重，琳琅满目，叹为观止。民间集砚，自不可比，心仪之物，遥不可及，寻寻觅觅，所获寥寥。

一方宋代太史砚。老坑端石，色紫含青，质地细润。砚膛上方，居中镶嵌一枚唐代"开元通宝"，砚底隐刻六连星，为紫微星座。

宋砚嵌有"唐钱"，有何含义？"开元通宝"四字为欧阳询所书，唐代又有柳公权、褚遂良、颜真卿等书法大家，此举可否理解为对宗师的敬仰？唐玄宗因施新政，现"开元盛世"，此举可否理解为宋人的兴国之念？紫微星座又有"帝王星"之称，隐刻于砚底，是为何意呢？一方砚台引出一串问题，有待智者的解疑。

53 漆奁

北宋（公元 960—1127 年）
径 24.2cm　高 22.6cm

奁有三层，内外髹褐色素漆，奁呈八瓣花形，内膛漆面完好，外表略显斑驳。奁底书写朱漆文字：戊戌襄州十八子造真上牢。

襄州地处鄂西北，唐宋时盛产漆器。唐代立襄州，延至北宋。襄州曾多次改称易制，奁底所书的戊戌年，北宋有三个，其中两个与襄州有关：宋真宗咸平元年，戊戌年（公元998年）时为襄州；宋仁宗嘉祐三年，戊戌年（公元1058年）时为襄州。北宋之后襄州撤制。

漆奁，北宋，髹漆工艺的巅峰时代。

54 漆 盆

北宋（公元 960—1127 年）

径 30.5cm　　高 7.2cm

髹漆盆，栗壳色，五瓣花口，外沿书写朱漆文字："戊戌襄州十八子造真上牢"，盆底书有黄漆文字："李真上牢"，应是漆匠的签名，"十八子"，"李"也。漆盆与前述漆奁同款，年代已考。

早年鉴古求教，记得前辈讲过：盘碗花口一类，三瓣的为唐，少见四瓣的，五瓣多为五代或北宋初期，六瓣的多为南宋或金代。经验之谈，虽非定论，却也靠谱，简单实用。

55 玛瑙盏

玛瑙盏，用料上乘，平底敞口，工艺精细。中古时期的贵族用具。

金 / 元（公元 1115—1368 年）
径 10cm　高 2.8cm

56 铜 盆

金 / 元（公元 1115—1368 年）

径 21cm　高 6cm

宋金时期，南北方的饮茶方法没啥差别：将茶饼碾成细末，注入沸水，搅匀后饮之，是为"点茶"。讲究之家，会有配套茶具，比如此件铜盆，又称茶盂，顾名思义，盛茶渣的。精致生活，源自细节。

57 铜铛

唐代（公元 618—907 年）

长 33cm　高 23.5cm

唐代铜铛，长颈短流、三足、颈首塑鸟头，形似鸳鸯，器物整体富于动感，呈欲飞之状。唐朝僧人皎然诗曰：投铛涌作沫，著碗聚生花。唐人张伯玉作《后庵试茶》：小灶松火然，深铛雪花沸。

寺院、僧人、松火、点茶，一幅僧饮图。

58 铜 炉

南宋（公元 1127—1279 年）

径 11.8cm　　高 6.8cm

香炉，置于香几、条案之上，眼前之物，往往会精挑细选，隐含主人的心思。论物之美，无非观其色泽、比例、线条，品其韵味、力度、内涵，如若集于一身，则至善至美也。观其炉，何尝不是呢。

著录《古典·凝视》

59 铜 炉

宋代（公元960—1279年）

径 9cm　高 10.5cm

鬲式铜炉，经典造型，宋人原创，影响深远，后世的香炉、瓷炉，均以其为宗。

60 铜 炉

宋代（公元 960—1279 年）

径 11.2cm　高 15.6cm

集古者应具备一定的鉴别能力。所谓眼力，出自经验，出自实战，起点是心智健全，否则此路是走不长的。每件古物都自带诸多信息，人文地理、时代背景，通过古物可以了解历史，古物是历史的缩影。

一件冲耳三足香炉，祭祀用器，宋代复古之作。

61 铜 瓶

宋代（公元960—1279年）

高 16.8cm　径 8cm

有一回，在古玩城逛店，拐角处的橱窗里，摆放着一个锈迹斑斑的铜瓶，长颈、圆腹。挺有味道的，我心想，瓷器也有这种式样，有些宋瓷的雏形出自金、银、铜器，以补充金属用具的匮乏，我没有动窝儿，想了这些。店主出来打招呼，我问铜瓶多少钱，他说了价钱，我就将它请走了。

回到家，把它放在桌前，没事做，就想和它聊一聊，不止一次了，我发觉自己能与古物对话。这一回，它并不健谈，偶尔一两句，带些禅意，又暗含玄机，一这样，话题就该结束了。我随口问询它的身世，它却笑而不答。我知道自己犯蠢了，心里也明白，相形之下，我挺浮浅的，在古物面前，我常有谦卑之感。

说些梦话，梦回宋朝。

62 玉 鸟

夏代（约公元前 2070—前 1600）

长 12.5cm　厚 0.5cm

关于夏代，不妨聊聊。司马迁的《史记》里有《夏本纪》，摘其要点：夏有历法"夏时"；有刑法，"夏有乱政而作禹刑"；有城市，"城郭禹始也"；有教育机构，名"序"；有观天文的"天官"；有"韶乐"；大禹通巫术、善舞，有"禹步"与"巫步多禹"；有外交，"夏时仪狄作酒"。夏王朝划地分封九州，《夏本纪》对其地理、物产、纳贡等均有明晰的表述。

《史记》中记有帝舜观星相以"齐七政"，"揖五瑞"以祭诸神。五瑞即五种玉制礼器，用于祭祀、分封、兵戎等，其中的琮通常用于祭祖。家国观念，绝非偏域或夷邦所创建与推行，这一点比较重要，涉及一些文化期的玉器断代。夏亡于桀，被商汤所灭，"俘厥宝玉"不计其数。

关于夏代，还有《尚书》。好了，古有文献，后人理应以各种方式方法加以佐证、充实，在今天，应当以考古与科技手段解决悬而未决的划代问题，比如偃师二里头夏都城遗址出土的文物与多个地域出土的同类文物有何关联？包括齐家文化、石峁文化；比如诸多区域出土的玉器、玉礼器，型制类同而断代上相差甚远。目前的状况是，将本该属于夏王朝的文物，特别是玉器，有意无意地划分给了不同的文化期，将年代纵向地推前，忽略了横向的疏理、比对与考证，造成早期玉器断代的无序，缺乏逻辑性。

孔子、老子、庄子、箕子对夏王朝均有论述，先贤是值得信赖的，不是空想家。如今有一些专家学者对夏代的真实性有所置疑，实属匪夷所思。

一对带冠的玉鸟，石峁文化期风格，其工艺影响了后世的秦式玉器。

著录 《玉器时代》《古典·凝视》

63 玉瑗

夏代（约公元前 2070—前 1600）

径 9.6cm　　厚 0.6cm

玉器中的圆形器较多，其中，瑗比环宽一点，比璧窄一些，造形十分优雅。高古玉器，集诸多美于一身，包括质地、沁色、工艺。

玉瑗出自夏王朝，黄河沿岸，陶寺文化区域。

著录《古典·凝视》

148

64 玉 玦

商代（公元前 1600—前 1046 年）

径 16cm　厚 0.3cm

玉器有漫长的历史，每个时代都有风格、特征上的变化，有如绵延的群山。商代玉器是一座高峰，类同于青铜器物，这个时代的玉器带有神性之光，几乎没有花里胡哨的俗物。

一件商代玦形玉龙，臣字眼、宝瓶角、高扉棱。直径16cm，厚度仅0.3cm。礼仪佩戴之物，端庄典雅。

商代（公元前 1600—前 1046 年）
长 5.1cm

组佩中的玉件，原为龙形玉璜，残断后改为鱼形，古人惜玉也。
鱼龙之形，活灵活现。

66 镯形器

商代（公元前 1600—前 1046 年）
径 10cm　高 5.7cm

此类器物流行于商代，中原有，南方的偏远地域亦有，型制类同，材质有异，以材鉴玉，是一种方法，不绝对，却适用。早期制玉多为就地取材，《战国策》记有：周有砥厄，宋有结绿，梁有悬黎，楚有和璞，为天下名器。

汉代之前的制玉，采用新疆和田玉料的可能性微乎其微，万里之遥，途经诸多方国，运输石头是要计算成本的，没走过河西走廊，没穿越过戈壁荒漠的人，才会臆想出一条五千年前的玉石之路。

一件商代的宽沿镯形器，周身带沁，其色如霞。

67 卜 玉

商代（公元前 1600—前 1046 年）
长 8.1cm

商代有个孤竹方国。孤竹先祖墨氏与商汤王为故交，商初，墨氏一族由辽河流域南移至渤海之滨，汤王封其地为孤竹国，历经数百年，直至战国时期被齐国所亡。

有个典故：商代末期，孤竹国王临终前，立三子叔齐为储君。王逝，叔齐不接班，执意将王位禅让于长兄伯夷，兄不受，则空其位。时逢周灭商，周王册封，伯夷与叔齐忠于商王，耻为周臣，不食周粟，隐于首阳山，采薇而食，因饥而亡。

孟子曰："知而进，乱则退，伯夷也。"孔子评价："古之贤人也。"

一件刻刀，青玉，占卜之用，琢有三个甲骨文字，释读为：亡最吉。亡有逃离之意，远走高飞最为吉祥。另两件商代孤竹国玉器：锛一，玛瑙类材质，一面琢有戴冠头像，另一面琢有北斗七星，夜空正北之星座。孤竹一族源自北方的辽河流域，琢戴冠头像，或有祭祀先祖墨王之意。锛二，深灰色材质，一面有四个甲骨文字，另一面有四连星。

由三个玉件了解到一个古老方国，集古之余，长点见识。

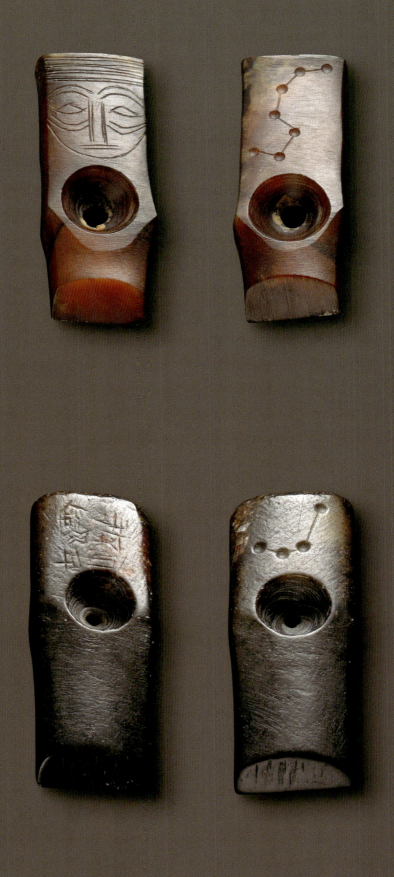

68 柄形器

商代（公元前 1600—前 1046 年）

长 16cm　　宽 2.5cm

此器型商代为多，周代式微，手持之物，在考古资料中，可见其原始状态，前端粘接层层叠叠的片状松石，造形怪异，或为占卜用器，巫人做法时用以驱魔降鬼，以此随葬，意图相似。

柄形器的功能尚无定论。多年前，在拙作《玉器时代》中，曾判断璇玑为求雨法事中的用器，自觉有理有据，却少见共识，自说自话也。

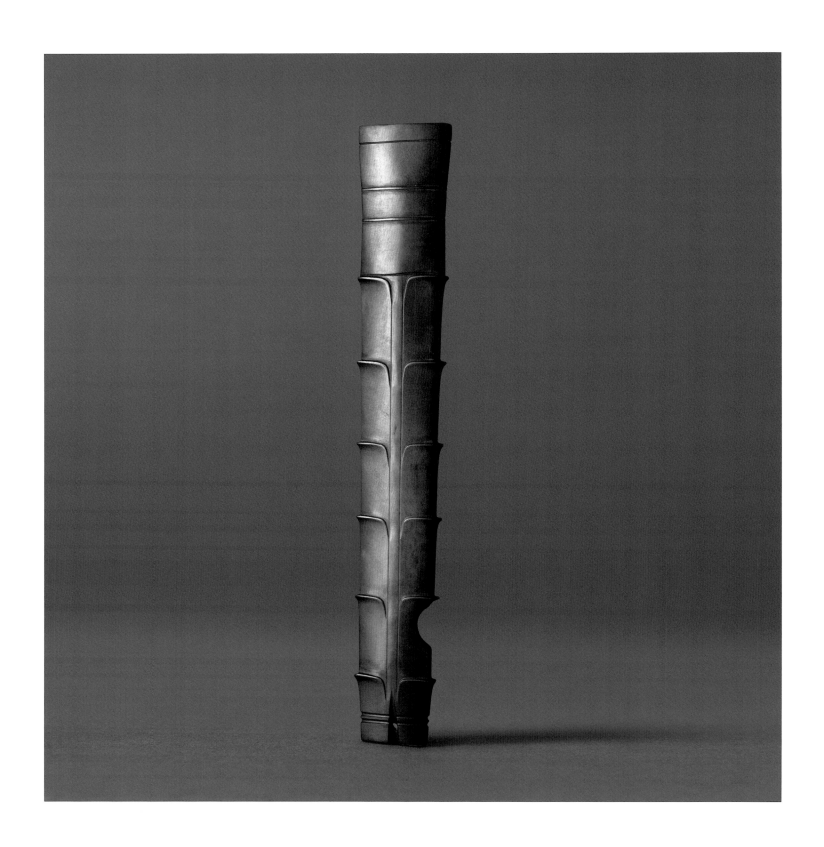

69 玉牛

商代（公元前 1600—前 1046 年）
长 4.6cm

商代玉雕中，有许多动物造形，像个动物园，在精心的饲养下，个个长得既精神又漂亮，其中玉牛较多。但此牛非同寻常，为最早的巧雕作品，又称"俏色"，工匠以深色石皮做牛角，琢制出唯妙唯肖的卧牛。小小玉件，可载入工艺美术史。

二十世纪四十年代，德国汉学家罗樾（1903—1988）在北平古董市场购入。1993年4月美国古董商J. J. Lally为罗樾举办收藏展，玉牛为展品之一。2016年曾出现于巴黎苏富比拍场。

著录《古典·凝视》

70 玉 虎

商代（公元前 1600—前 1046 年）
长 2.6cm　厚 1cm

两只老虎，憨态可掬，龇牙瞪眼，虎虎生威。

71 玉 龙

商代（公元前 1600—前 1046 年）

长 4.2cm　厚 0.5cm

卧龙，尾部尖锐，商代工艺风格。

72 玉 兽

西周（公元前 1046—前 771 年）

高 3.6cm　厚 0.4cm

黄玉小兽，形如幼龙。

73 玉 蝉

西周（公元前 1046—前 771 年）

长 3.7cm　厚 0.8cm

蝉蛹蛰伏地下，数年或十数年后再钻出地面，爬上树枝，长鸣不已。

玉蝉，有生死轮回之寓意。

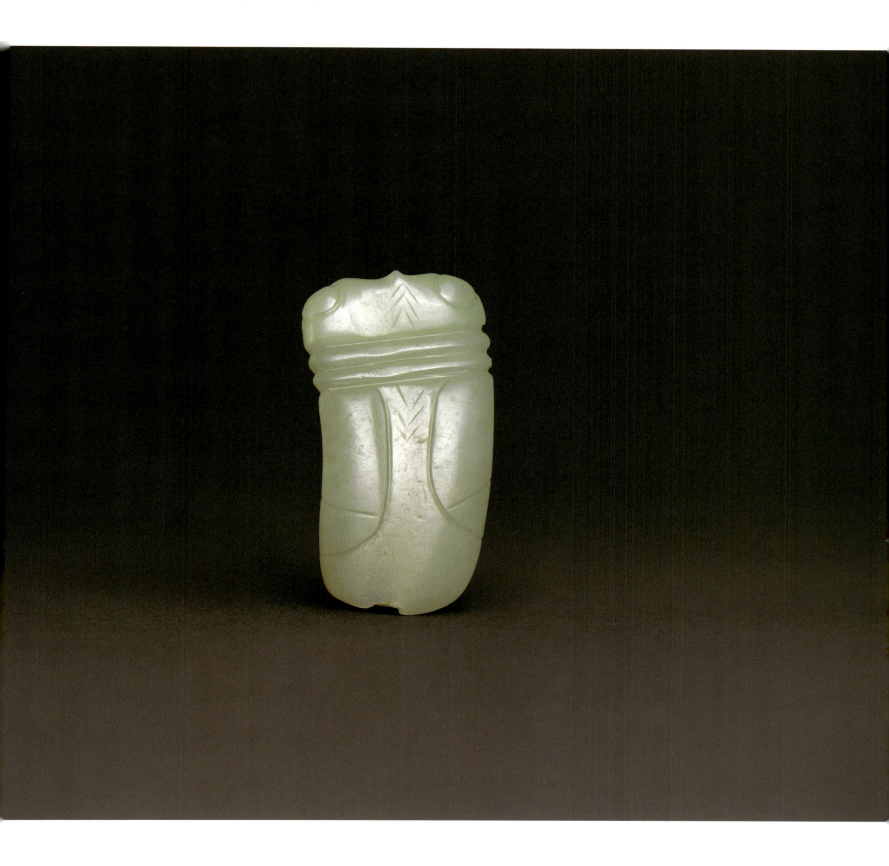

74 组 佩

商周（公元前 1600—前 771 年）

对于高古玉器，虽多有涉猎，仍然有一些盲区，这里聊一聊断代问题。不妨画个坐标，有纵有横，相辅相成。目前看来，纵向偏热，横向偏冷，一些文化期的断代上，似乎常有超越之念。横向的，比如在器型学的研究上往往滞后；高古玉器的工艺、风格、型制的类比方面，缺乏缜密的研究与考证，由此，举一些实例，算是抛砖引玉吧。

选择若干耳熟能详的物件，为表述方便，在相关年代的设定上，均以下限为准。

一，红山文化期（距今5000年前）代表器物：猪龙，同类器物在陕西韩城的西周（公元前1046－前771年）芮国姜夫人墓中出土；在河南三门峡西周虢仲墓中出土。

二，良渚文化期（距今4300年前）代表器物：玉琮，同款、纹饰一致的器物在西周晋国北赵晋侯墓中出土；在四川三星堆商周墓出土；在河南偃师二里头（距今 3500年前）考古出土；在甘肃齐家文化区（距今4000年前）、陕西石峁文化区（距今4000年前）、山东龙山文化区（距今4000年前）等地域频繁出土。

三，石家河文化期（距今4000年前）代表器物：玉凤，同款在商代妇好墓（距今3300年）出土。典型的石家河带冠与獠牙的神面玉器，同类器物在西周晋国墓地、河南诸多商代墓地以及龙山文化区域均有出土。

这里，以有限的零散的资料，罗列出一些同类玉器出土于不同地域，而对器物的年代划定却全然不同，不能不说某些环节出现了问题。在远古时期，不同地域有同一类物件的出现，多为贸易、馈赠或战争掠夺所致。如果揣测为当时的挖坟掘墓所得，或是当年的考古成果，那就没必要心平气和地探讨什么了，臆想与妄念总是与逻辑相悖的。而且，对上述的疑惑不能作出合理的诠释，也是说不过去的。

看着有点乱、有点摸不着头绪吧，对此，不妨找出一个开锁的钥匙：诸位请将目光转向夏代，无论是这个文化区、那个文化区，其中最为优质、精美的玉器，特别是玉制礼器，多与夏王朝相关，并且还可以再作一下聚焦，将目光凝视于夏商之际。

一串由商周小玉件与西周红玛瑙组成的贵族佩饰，曾流行于中原一带、黄河流域。

75 玉 璧

战国（公元前 475—前 221 年）

径 7.6cm　厚 0.5cm

尺寸偏大的玉璧，通常为礼器，纹饰多种多样，用途广泛，既可祭祀天地、山川，又有结盟、犒赏、聘用、婚约之用，还多见随葬，是逝者在阴界的路条、开销。

一件战国时期的玉璧，谷纹，整体受沁，局部呈深褐色。

著录《古典·凝视》

76 玉觿

西汉（公元前206—公元8年）
长 5.1cm

古人将兽牙挂在胸前以示威猛，玉觿由此演化而来，成为组佩中的敲击器，又可用于拆解绳扣。

一件西汉时期的玉觿，龙首，周身饰以绞丝纹。

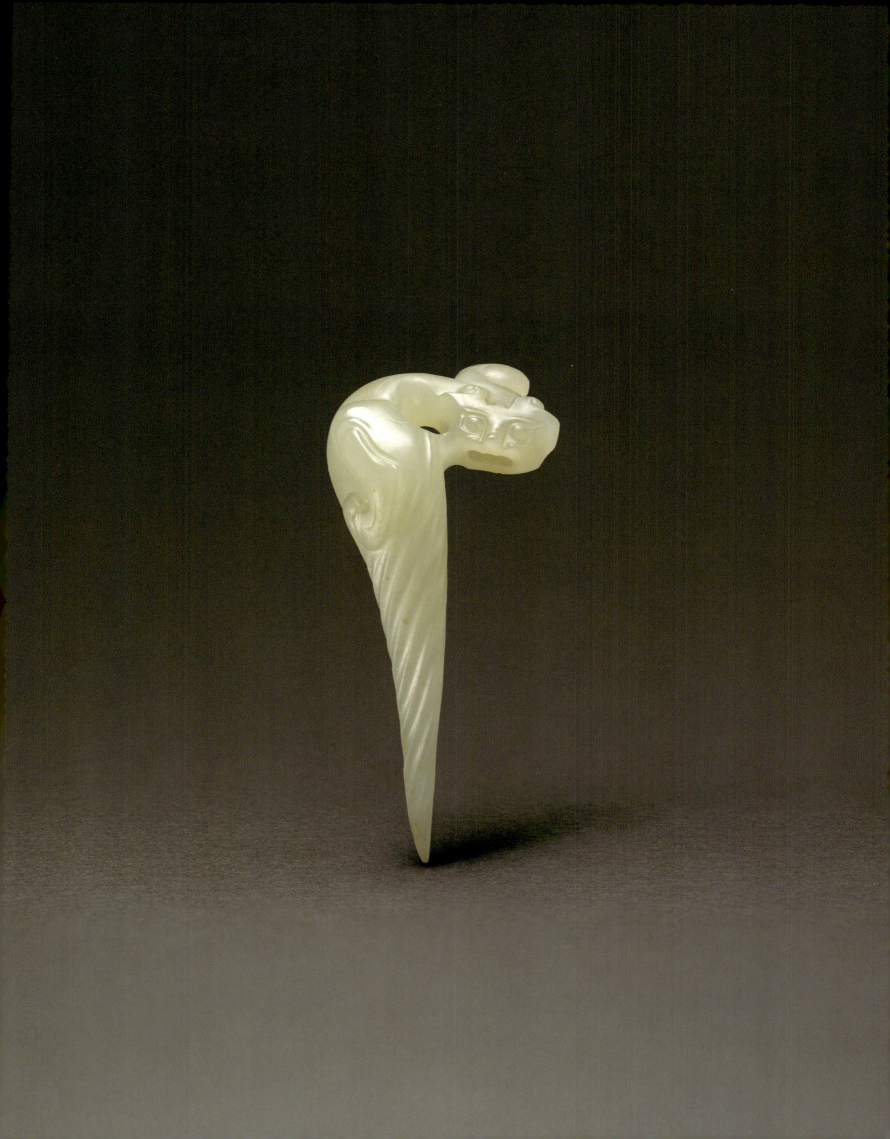

77 玉韘

西汉（公元前 206—公元 25 年）
高 7.5cm　宽 6.5cm

韘，商周时期拉弓的指箍，春秋时期其形有变，至战国、汉时期已演化为一种纯粹的佩饰。在考古现场，通常置于男性腰部，造型为女阴图腾，道教观念，有采阴补阳之意。

西汉玉韘的中孔偏大，周边装饰较为对称，落落大方。

一件西汉玉韘，受沁较重，铁器所致，局部呈深褐色。

著录《古典·凝视》

78 玉朱雀

汉代（公元前 206—220 年）

长 7.8cm　宽 4cm

两汉时期，对宇宙缺乏科学认知，出于对星空的敬畏，苦思冥想，研究出一整套星相学，背景为道教。斗转星移、流星、彗星、金木水火土，夜空的景象引发无尽的联想。崇拜苍天四神，东方有青龙，西方有白虎，南方有朱雀，北方有玄武，诸神与众星组成二十八星宿。汉代的一些"厌胜"玉器与星宿相关，比如工字佩、司南佩、刚卯严卯等。

刚卯严卯应当与"昴星宿"有关，这是金牛座中的一个朦胧的星团，星相家认为此星主凶，是病魔、瘟疫之源，因此设计制作"厌胜"之玉，择日择时琢刻咒语，用以避灾躲祸。而司南佩，应当与北斗星座相关，七颗星围绕着北极星旋转，古人认为那是宇宙中心。这些对"厌胜"玉的解读，属于一己之见，辨玉之趣。

一件汉代玉雕朱雀，南方之神。鸡骨白，朱砂沁，微透光，凝神状，栩栩如生。

79 玉耳杯

汉代（公元前 206—220 年）

长 8.3cm　高 4.6cm

耳杯流行于春秋时期，宴会上需双手执杯饮酒，颇有仪式感；又称"羽觞"，多指漆器类，质轻，可漂浮于水面，《兰亭序》中描述过"曲水流觞"之雅集。

一只汉代耳杯，素雅简约，工艺精湛。

著录《古典·凝视》

80 玉 镯

明代（公元 1368—1644 年）
径 6.5cm　宽 2.2cm

一件明代黄玉手镯，饕餮纹饰，有别于宋代仿古染色工艺，明代采用"老提油"之法，染色较为单一，或红或黑，深入肌理。

81 玉霞帔

明代（公元 1368—1644 年）

高 8.8cm　厚 0.9cm

霞帔，贵族女性礼服上的佩饰。两条锦缎由双肩垂至身前，挂一枚坠子保持平整。常见金质霞帔，心形，镂空工艺，其纹饰在宋代多为花卉，至明代，有了具体的定式，《大明会典》中有一条列：皇妃、太子妃用凤纹玉坠子。

一件明代晚期的玉制霞帔，镂雕工艺，钟型，琢制谷纹，双面饰有腾飞之龙凤。

记录于"古天一拍卖会2023"

82 玉 兔

清代（公元 1616—1911 年）
长 9.3cm　高 5.7cm

兔子乖巧温和，古人视为瑞兽、药神。古画中，有月桂树下兔神捣药的场景。自古宫廷与民间均有祭拜兔神的活动。

一件清代玉兔，卧姿，口衔灵芝，五朵枝头上镶嵌有多种彩石。

著录《古典·凝视》
展出于《赓续文脉》中国文房艺术展
记录于"保利香港2018年秋季拍卖会，英国藏家旧藏"

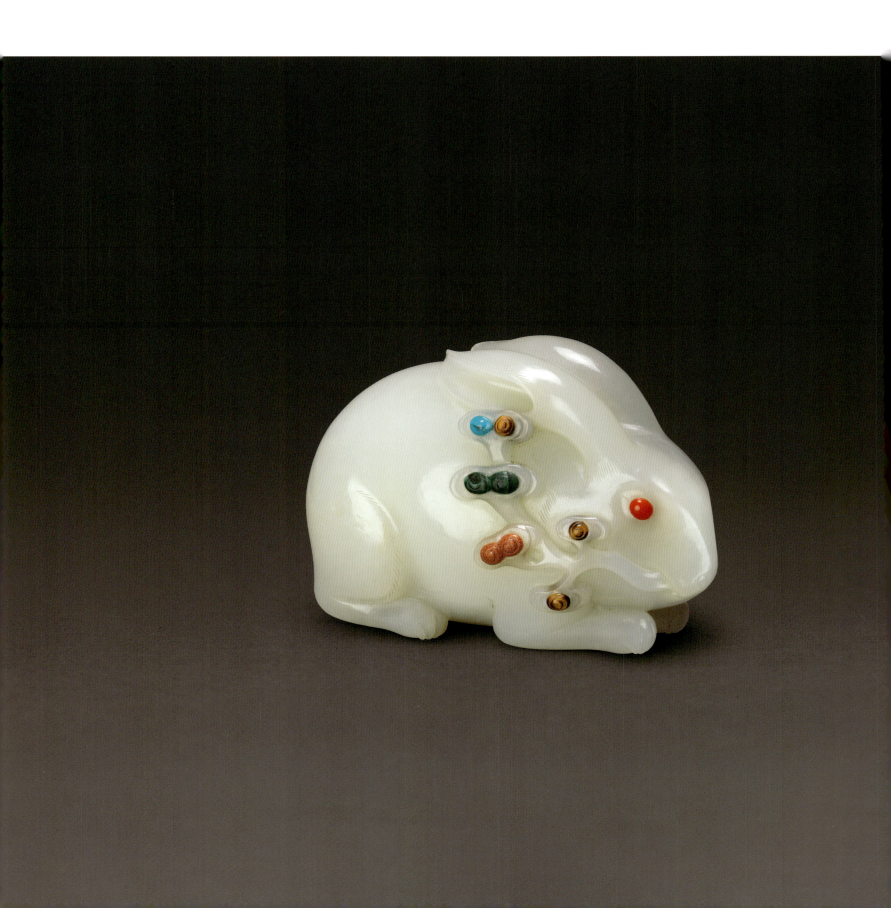

83 鸟形罐

马家窑文化（公元前 3300—前 2050 年）

高 15.5cm　长 21cm

黄河远上白云间，白云下面是甘肃的河西走廊，走廊的东边盛产陶器，陶器与石器是四千年前的主要生活用具。先民在祭祀活动中还会使用玉器。

看着马家窑的彩陶罐子，我就想，此类器物的考古断代是否偏早了些？我又想，以几何图案为主的彩陶艺术是源自本土吗？是否受到西亚文明的影响？二者的装饰风格较为相近。

一件马家窑的彩陶罐，鸟形，既是实用器，又是艺术品。

84 陶 罐

马家窑文化（公元前 3300—前 2050 年）

长 20cm　宽 17.5cm

马家窑彩陶有明显的特征，作为实用器及商品，面向不同的阶层，既烧制大量的普品，亦有一些精品，其彩绘工艺自由而随性，以抽象图案为主，又有少量的表现人与动物形态的装饰。

一件马家窑陶罐，薄胎，膛内有按压痕迹，外部工艺精湛，施褐色底彩，两侧绘蛙形图案，正面有突状把手，上刻人面五官，眼部下方绘有泪滴，此为何意呢？是工匠的随意而为，还是作为一种礼器，以示对故人的悼念？远古先民的心思，往往难以琢磨。

85 陶刺猬

新石器晚期（公元前 2000 年）

长 11.5cm　宽 9cm

牧人的羊、农夫的牛、农妇的鸡鸭，假如让他们用笔画出来，会别有生趣。四千年前的窑工，塑造动物形象，不求写实，善于变形，捕捉其神态，没什么理论，天性如此。

一件陶质刺猬，腹空，内置陶丸，又称响器。草原部落之遗存。

86 残 鼎

商代（公元前 1600—前 1046 年）

英国作家笛福讲过："城堡的破败，也恰到好处。"

古希腊的神庙遗址、残损的雕塑给人们以视觉的震撼，断臂维纳斯成为美的化身。历史中曾数次灭佛，寺院、石窟造像历经浩劫，遗存之美，同样令人为之倾倒，这是赋加了历史感与想象力的审美。

数块商代青铜器残片，原为方鼎，祭祖用器，饰有先祖的面孔，威严而肃穆，警示后人。

著录《古典·凝视》

87 鹿 饰

春秋战国（公元前 770—前 221 年）
长 8.4cm　高 12.8cm

匈奴源自蒙古高原，游牧民族，实力强大，不断侵扰中原，至汉武帝讨伐，匈奴受创，被逐离河套区域。匈奴遗存特征鲜明，兵器、马具、牌饰、族徽以及带有动物、神兽的金属饰品，其风格受斯基泰民族的影响。这是一支兴盛于西伯利亚叶尼塞河流域的游牧民族，其势力曾涵盖至印欧草原。

匈奴遗物散落于古长城周边，多现于鄂尔多斯高原，此类物件，统称为鄂尔多斯青铜器。

一件春秋战国时期的铜鹿，或为帽饰，或为杆子的顶饰，鹿头可转换视角，颇具游牧民族意趣。

88 鹰首杯

春秋战国（公元前 770—前 221 年）
长 15.1cm　高 7.9cm

春秋战国时期，王亲贵胄追求奢华，礼制用器常有僭越，无论生前还是死后。孔子称之"礼崩乐坏"。

古有"歃血为盟"之礼，将人或动物的鲜血混入酒中，分而饮之，以示信守承诺，神明为证。史书中有齐桓公以此仪式与五国结盟于北杏之地。

一件春秋战国时期的青铜器皿，造型独特，同类型有玉制的，藏于海外博物馆。鹰类霸气、坚毅，心形器皿象征忠诚，鹰首杯用于"歃血为盟"较为合乎情理。

89 带 钩

战国（公元前 475—前 221 年）
带钩长 9.5cm　虎饰长 4.7cm

战国时期，贵族阶层注重仪表，随身的玉佩、剑饰、带钩均有讲究，彰
显个性的同时要避免雷同。光怪陆离的奢侈品由此衍生。

一个镶有绿松石的青铜带钩，主体为舞蹈之熊，钩部为龙首，均呈伸舌
状，之间连接神面，眼部均镶嵌曜石，边棱鎏金，背部包银，小小带
钩，工艺如此繁复。一个虎形金饰，匍匐状，乖乖虎，憨态可掬。

90 驹 镇

汉代（公元前 206—公元 220 年）
高 7.2cm　宽 8.2cm

古物多为旧时的日常用具，能称得上艺术品的少之又少。集古者需不断
提升鉴赏水平，爬山一样，站得越高，看得越远，视野广阔，一览众山小。
面对古物，其认知，涵盖了个人的学识、审美与趣味。显然，集古是一
种文化行为，或者说，当你收藏古物的同时，古物也收藏了你。

一件汉代席镇，独角马驹，铜鎏金，内膛铸铁，眼部嵌宝石。安谧的、
喜悦的小马驹。

著录《古典·凝视》

91 骰 子

汉代（公元前206—公元220年）
径 3cm

六面体的骰子历史久远，全世界通行。流行于汉代的十八面骰子，既是博弈用具，又能在酒局上助兴。其中十六面为数字，另有两面为汉字："骄"，取胜之意；"酒来"，罚酒之意。骰子上对称镶嵌八粒松石与宝石，投掷时，滚至嵌石处会发生无序的翻转，妙趣横生。

著录《古典·凝视》

92 漆案

汉代（公元前 206—公元 220 年）
长 47.8cm   高 24.5cm

长方形漆案，四腿带足，髹黑漆，案面中间有朱漆装饰，上绘两个山鬼
追逐投射。漆案满饰云气纹，道教图腾，从复杂的形态中构建秩序，此
类审美，既有形象的描绘，又有对神界的理性概括，相得益彰。

93 金错刀

新莽时期（公元 9 —23 年）

长 7.5cm　宽 3cm

西汉与东汉之间，有个新莽时期。王莽称帝，推行新政，包括货币改革，出品了一款精美的钱币，俗称"金错刀"，形如钥匙，上有铭文：一刀平五千。此币等值于五千枚铜钱，谨防假冒，采用了错金、镀钡等特殊工艺。

一代名币，后世常被提及，李白有诗："一诺许他人，千金双错刀。"韩愈："尔持错金刀，不入鹅眼贯。"张衡："美人赠我金错刀，何以报之英琼瑶。"新莽金错刀，一越两千年，虽为钱，增值否？现实是赝品泛滥，劣币逐良币也。

94 铜 瓶

南北朝（公元 420 —589 年）

高 16.8 cm

从中原至西域，直线距离大约六千里，古代走过这条路的都很了不起。中途有个嘉峪关，关内是河西走廊，关外是戈壁荒漠，道路崎岖不平，时有时无，需穿过诸多部族和国家。汉唐时期，除了军队，能够胜任商旅跋涉的是粟特一族，西亚人种。做些什么生意呢？细数唐三彩驼背上的什物即可知晓，运进来的大致有毡毯、兽皮、香料以及蚕丝，运出去的大概有布匹、丝绸等，蚕丝换丝绸是主要贸易，类似如今的来料加工。诗人艾青写过："蚕吐丝的时候，没想到吐出了一条丝绸之路。"这是多妙的比喻。

丝绸之路不仅仅是做贸易，又是文化交流之路，是佛教的输入与传播之路，并对中国的雕塑、绘画艺术、金银器与铜器工艺产生了影响。

一件响铜净瓶，佛事用器，南北朝时期随佛教传入中国。净瓶造型符合国人的审美，在宋瓷中成为令人喜爱的器物，用于插花，常常入诗入画。

著录《古典·凝视》

95 石 雕

北魏（公元 386—534 年）

高 26cm　　宽 13.7cm

早期佛教造像中常见的一种组合，佛祖居中端坐，两侧伫立高僧、弟子，
后有背光，两边各有四位飞仙，手持多种乐器。佛祖讲经，弟子聆听，
飞仙伴奏，菩提树下，梵音悠扬，一幅佛国的美好景象。

一块青州石雕残部，北魏风格，石像破损于灭佛运动。肉体凡胎实难悟
出释家之永恒。

著录《古典·凝视》

96 石 雕

北齐（公元 550—577 年）

高 10.3cm

佛学参透生命的本质；佛陀为芸芸众生指引了方向；佛教宣扬平等、仁慈、护生，慰藉了世人的心灵。

北齐时期，皇族与百姓笃信佛法，香火旺盛，石雕造像的艺术达至空前高度，雕刻工匠有的来自西亚，部分优质的石材也来自异域。北齐的国都邺城，繁华一时，毁于一旦，历经战乱，寺院尽毁，遗存甚少，每有所得，倍感珍惜。

一尊北齐白石雕像，微笑的菩萨。

著录《古典·凝视》

97 石 座

明代（公元 1368—1644 年）

径 26.5cm   高 6.2cm

自从盘古开天地，神话故事中的龙随之登场，成为主宰之神。先民开山造田时会挖出恐龙化石，只见其骨却未见原形，又有龙卷风之类的自然奇观，对于神龙的存在深信不疑。数千年来，龙的形象在不断演化，具有明显时代特征。

一件明代的白石底座，龙首为足，刻工细致入微，纤毫毕现，龙口涌水，福泽苍生。

著录《古典·凝视》

98 山 子

清代（公元 1616—1911 年）
高 34cm　宽 14cm

奇石，顾名思义，奇特的、奇妙的石头，因此不乏收集者。国人有喜爱奇石的传统，赏石文化渊源流长，除了天然石材，更重视人为加工过的。所谓"工艺美术"，涵盖各类材料，玉质的、石质的，小如佩饰、大如园林山石。园林艺术，盛于北宋时期，徽宗出于对江南庭院山水的偏好，南石北运，设"花石纲"。上行下效，当朝豪门名士推波助澜，其间不乏痴癫者，"米芾拜石"的故事广为流传。

赏石者有简约派，又有偏爱造型怪异的，讲究瘦、漏、皱，求其"禅意"与"化境"，是内心世界的一种反照，是东方哲学——人与石头的关系即为人与大自然的关系。

赏石文化绵延于后世，演化出不同的门类与流派，带有神秘色彩，往往令常人难以领悟。现如今，此风又吹皱了一江春水，民间兴起了奇石收藏的热潮，"太湖石"、"灵璧石"进入了百姓之家。作为一种喜好，无论何物，只要有眼缘，赏心悦目即可，不必在意什么雅俗与名分，格物致知，各从所好。就赏石艺术而言，求其文化内涵是必要的，而故弄玄虚的种种"修为"，是否有些古怪呢。

一件清代石山子，色泽沉郁、艳丽，绿得春意盎然。

99 澄泥砚

清代（公元 1616—1911 年）

长 46cm　　宽 29cm　　厚 9cm

从何说起呢，澄泥金砖，色如象牙，坚实细腻，正反两面光滑平整。正面居中竖刻双勾体文字：宋泥内坛金砖。左侧竖刻四字：成化御赏。字迹模糊，有磨削之痕。铭文均饰有边框，两边饰有龙纹，底边饰海水江崖纹。砖面右侧隐约可见庙宇式建筑，右下角琢有印章三款，上下竖排，分别为：任颐、伯年、颐颐草堂，均为任伯年（1840—1895，原名任颐、字伯年）书画用印，"颐颐草堂"一印为吴昌硕（1844—1927）拜任为师时所赠。

任将宋砖改制为平板砚，并琢以自用章印。任与吴初识于上海，亦师亦友，交情笃深。任工于花鸟、人物，吴精于水墨、篆刻，两者与蒲华、虚谷同为"海派四杰"。伯年曾为昌硕作肖像画数幅，昌硕为伯年篆刻印章多枚，其中"画奴"一印錾有边款："伯年先生画得奇趣，求者踵接，无片刻暇，改号画奴，善自比也。"伯年去世后，昌硕写下挽联："北苑千秋人，汉石隋泥同不朽；西风两行泪，水痕墨趣失知音。"

宋代内坛、澄泥金砖、明帝成化、任伯年、吴昌硕，泥砖一方有如此多关联，忽有所悟，物是人非，得舍无常。

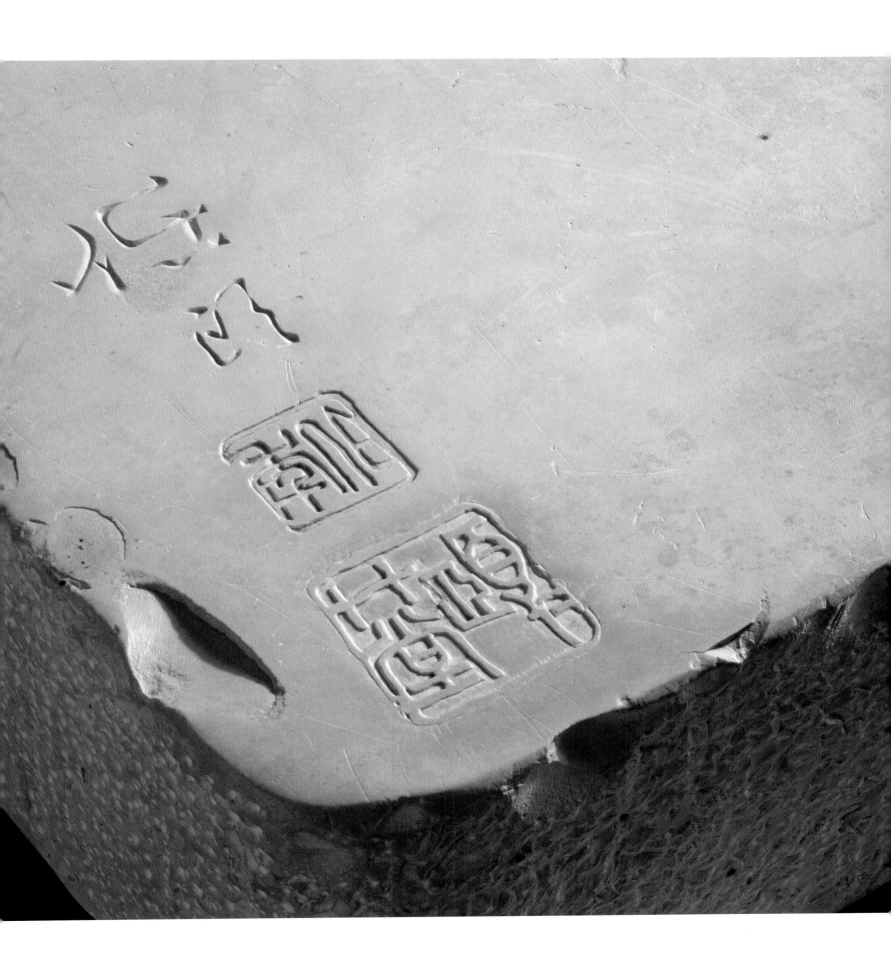

年表

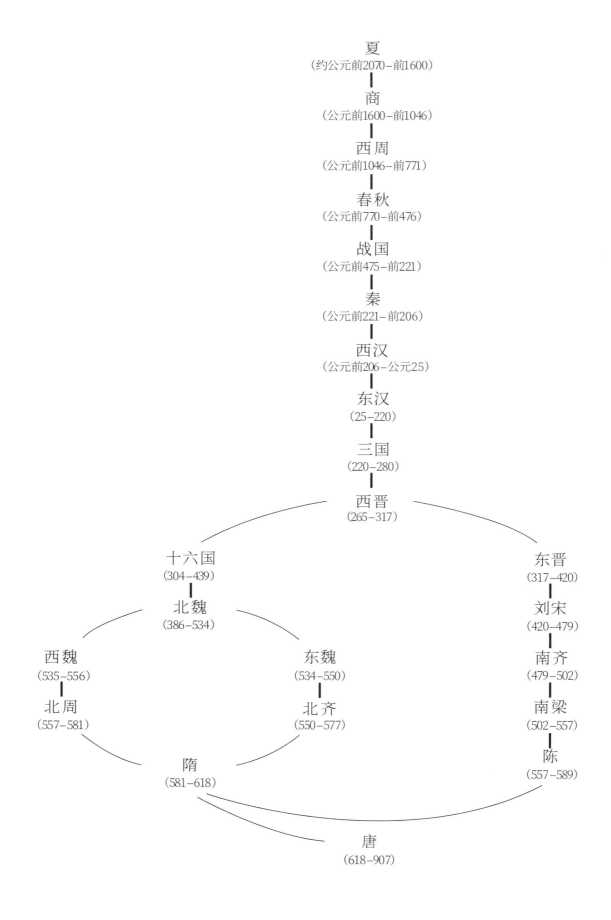

夏
（约公元前2070–前1600）

商
（公元前1600–前1046）

西周
（公元前1046–前771）

春秋
（公元前770–前476）

战国
（公元前475–前221）

秦
（公元前221–前206）

西汉
（公元前206–公元25）

东汉
（25–220）

三国
（220–280）

西晋
（265–317）

十六国
（304–439）

东晋
（317–420）

北魏
（386–534）

刘宋
（420–479）

西魏
（535–556）

东魏
（534–550）

南齐
（479–502）

北周
（557–581）

北齐
（550–577）

南梁
（502–557）

隋
（581–618）

陈
（557–589）

唐
（618–907）

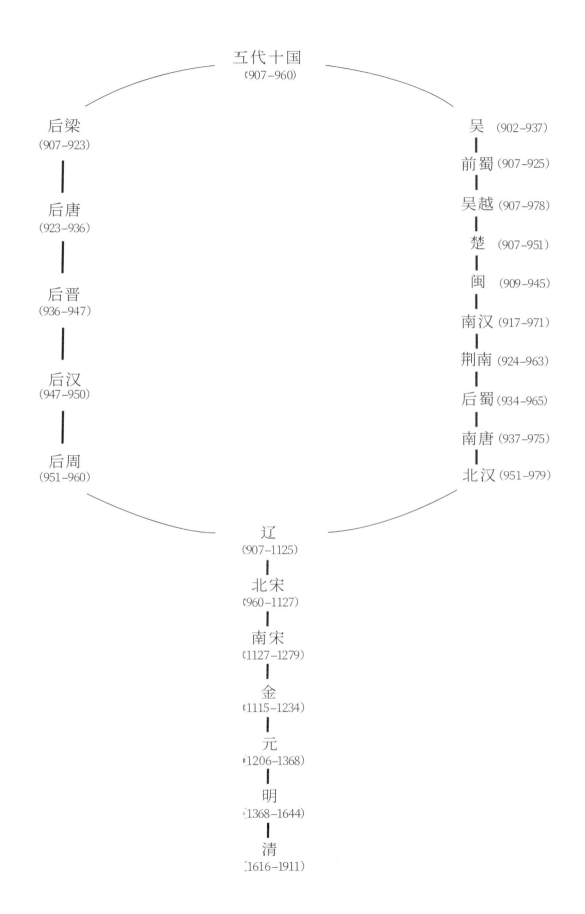

五代十国
(907-960)

后梁
(907-923)

后唐
(923-936)

后晋
(936-947)

后汉
(947-950)

后周
(951-960)

吴 (902-937)

前蜀 (907-925)

吴越 (907-978)

楚 (907-951)

闽 (909-945)

南汉 (917-971)

荆南 (924-963)

后蜀 (934-965)

南唐 (937-975)

北汉 (951-979)

辽
(907-1125)

北宋
(960-1127)

南宋
(1127-1279)

金
(1115-1234)

元
(1206-1368)

明
(1368-1644)

清
(1616-1911)

后　记

　　二十世纪六十年代，我们一家人在新疆准噶尔盆地的一个农场生活，周边是广漠的戈壁滩，白天可以望见天山，在夏季，山顶也是白雪皑皑。我们住在"地窝子"里，屋顶是个斜坡，上面有个孔洞，光线昏暗。农场没有通电，带玻璃罩的油灯很受用。白天父母去劳动，收工后，母亲做饭，父亲有时会在油灯下读书、做笔记。父亲早年曾赴法国自费留学，美术专业，住在巴黎，参与各类文艺沙龙的活动，推崇具有"现代主义"观念的艺术家、诗人，包括兰波、马雅可夫斯基、阿波里奈尔，基于天性，也试着写诗。法国待了三年，回国后，在上海加入"左翼"美术家联盟，因从事进步活动被捕入狱，从此结束了艺术生涯，专心于诗歌创作，一发不可收拾，狱中所写的诗作，经友人推荐，发表在文化刊物上，广受好评，一举成名。出狱后积极参与抗日救亡运动，佳作不断，辗转大江南北，奔赴延安，直至北平解放，加入军管会，参加了第一届政协会议及开国大典。

　　命运多舛。上个世纪五十年代末，一家人远赴新疆，在小城石河子生活、创作，接踵而至的一场运动中，父亲被发配至荒僻的农场劳动改造。下放时携带了一摞书籍，其中有常年翻阅的工具书，又厚又沉那类，有的已开线脱页，记得有《法语辞典》《罗马史》等，父亲曾对别人讲过，他想写一部史诗，他觉着中国的革命与罗马的历史相似。

　　"地窝子"的墙洞里放着书籍，其中有一本中法双语对照的唐代诗选，有一回，父亲翻到绘有李白画像的一页，举起了大拇指，还念了其中一首，说以后要背诵的，一首听着悦耳、朗朗上口的唐诗：李白乘舟将欲行，忽闻岸上踏歌声。桃花潭水深千尺，不及汪伦送我情。

父母在新疆生活了近二十年，戈壁风沙在脸上身上留下了抹不去的痕迹。我十四岁时，与家人回到北京。对于艰辛的岁月，父亲少有报怨，他说："全当出生在这里。"有一年，他出国访问，在飞机上看见了天山山脉，他在一篇文章中说天山"向我露出和善的微笑"。

　　睿智而宽容，幽默而朴实，"何必隐瞒呢——我始终是旷野的儿子。"这是他在诗中的自白。回想一下，平时，我未曾感到过父母的压力，我不想上大学，他们觉得没什么，按自己的想法活呗。父亲半开玩笑地说："混得不好，就回来，我养得起你。"有一回闲聊，我说自己感到无所事事，他说："不着急，大器晚成。"随口而出的话，令我羞愧不已，至今也是如此。

　　人生的黄昏已至，面对夕阳，十分茫然，经历过诸多的欢愉与痛苦、得意与不堪、幸运与凶险。芸芸众生，漫漫长途，前方会有指引，有星光，有灯塔，有神祇，而引导我的是父亲的形象，因其走过一程文学之旅，汲取了美学的营养，因其明白了如何做人，如何在立场、观点、思想上守住底线，包括对古物的喜好，似乎这是一种逃避现实的方式。我时不时会取出父亲的遗珍，其实，此生最想收藏的是他的智慧与品格，扪心自问，上苍会如此眷顾吗？

　　我有一幅父亲的墨迹："黎明即起，丹丹切记。"这一点我是做到了，已成习惯。每逢晴天，会看见启明星，看见朝霞，看到日出。一觉醒来，脑子里空空荡荡，有时会产生一些念头，比如，忽然想起了家父的只言片语，觉着应该做点什么。编纂一本图册，纪念父亲诞辰115周年，这一想法的敲定，正是在黎明时分。

图书在版编目（CIP）数据

桃花潭水深千尺 / 艾丹著. -- 北京 : 中国青年出
版社, 2025. 1. -- ISBN 978-7-5153-7718-6

Ⅰ. G262-64

中国国家版本馆CIP数据核字第2025UU1070号

桃花潭水深千尺

作　　者：艾丹

责任编辑：侯群雄　岳超

摄　　影：锋雷工作室

美术设计：5/8 Design Lab

出版发行：中国青年出版社

社　　址：北京市东城区东四十二条21号

网　　址：www.cyp.com.cn

编辑中心：010-57350401

营销中心：010-57350370

经　　销：新华书店

印　　刷：北京雅昌艺术印刷有限公司

规　　格：710mm×1000mm　1/8

印　　张：31

字　　数：186千字

版　　次：2025年3月北京第1版

印　　次：2025年3月北京第1次印刷

定　　价：398.00元